AF220908

# Verrückte Welt

*Harlekin Pierrot*

*Betrachtungen des Lebens zwischen Pandemie und Krieg*

Für alle Menschen, die sich so sehr ein friedliches

Miteinander wünschen!

# Verrückte Welt

*Harlekin Pierrot*

*Betrachtungen des Lebens zwischen Pandemie und Krieg*

© 2022 Harlekin Pierrot

Herstellung und Verlag:

BoD – Books on Demand, Norderstedt

ISBN: 9783755709428

## Zum Geleit

Die Welt wird immer verrückter. Erst bekämpfen wir einen Virus, der unser alltägliches Leben stark verändert hat - plötzlich gibt es die Parole alles auf „normal" zurückzufahren. Aber was ist den „normal"? Dieses „normal" kommt nicht wieder zurück, wir müssen lernen mit diesem Virus und dieser Krankheit umzugehen.

Da gibt es kein Patentrezept und kein richtig und falsch, sondern ein sich herantasten an Mögliche und unmögliche Szenarien – Politiker aller Parteien wie auch wir als Gesellschaft müssen uns an der Gestaltung beteiligen!

Wir hofften die Pandemie überstanden zu haben und dann bricht in Europa ein Krieg aus, der alles auf den Kopf stellt – dass gewünschte „normal" rückt in noch weitere Ferne als wir es uns je vorstellen hätten können. Wir befinden uns plötzlich am Rand eines Weltkrieges – der hoffentlich abgewendet werden kann. Denn ein Krieg hat nur Verlierer! Haben wir denn nichts gelernt – ich glaube nicht, nur sind wir als Gesellschaft gefordert zu handeln – und nicht die Waffen zu ergreifen!

Mich macht das ganze Szenario traurig, wütend und vor allem fassungslos, aber lest selbst!

*Harlekin Pierrot*

# P A N D E M I E

Das Geschehen der Pandemie und die Veränderungen in unserem Land. Auf der Suche nach dem „normal"!

## Es ist alles offen

Viele Grüße aus Absurdistaan – es ist alles wieder alles offen,

wir leben, als gebe es kein Morgen,

und brauchen uns nicht zu sorgen!

Ich verstehe das alles nicht

und traue diesem Braten nicht!

Die Menschen in Absurdistaan leben ziemlich frei. Sie brauchen zurzeit keine Inzidenzen zu beachten, da es kein Problem ist ohne Nachweis ein Event zu besuchen – aber Abiturienten dürfen nur ohne Eltern feiern, denn Ministerien haben ihre eigenen Regeln – der Sommer 2021 in Absurdistaan ist doch irgendwie besonders.

Man lebt hier ohne Einschränkungen, wenn man die unterschiedlichsten Regeln der Provinzen von Absurdistaan kennt, was aber bei 16 eine wahnsinnige Aufgabe ist.

# Virusvarianten

**Delta – Sommer 2021 – Winter 2021**

Es ist alles offen, alle in Absurdistaan denken es passiert nichts mehr.

Doch im Untergrund lauert die Variante – aber nein wir wollen einen ungestörten Sommer, es ist nichts zu befürchten und nichts zu beachten, lasst uns feiern!

Doch dann – die Welle überflutet uns die Intensivstationen zum Brechen voll, die Querdenker in Aktion, das Impfen stockt und alle klagen: Hätten wir doch nur, … ein schlimmer Winter!

**Eta**

Mutationen passieren,

Mutationen sind schnell, man sieht sie nicht, man spürt sie nicht,

aber sie sind da, … auch hier in Absurdistaan!

**Omikron – Winter 2021 – Frühling 2022**

Delta ist vorüber, Eta ist nicht interessant – und nun Omikron und in Absurdistaan gehen die Inzidenzen durch die Decke – ein jeder kann es bekommen – vor einem Jahr waren die hunderter noch „gefährlich" – die tausender jetzt sind jetzt nicht mehr relevant – da die Impfung wirkt – die Regeln werden verschwinden – die Pandemie für beendet erklärt!

## Die Inzidenz 0

Covid 19 im Volksmund Corona ist Geschichte,

es geht alles wie zuvor,

das Gespenst verzieht sich,

doch es ist da,

... in Absurdistaan schafft man einen neuen Wert:

Die Inzidenz 0, ...

... und nun?!

## Durchbrüche

Da sind sie,

da hoffen wir,

da ist Wissenschaft,

da sind die Zufälle,

wir sind eben noch nicht am Ende,

wir sind erst am Anfang,

aber der Mensch ist unvorsichtig,

denn er glaubt sich unverwundbar,

… doch er ist es nicht,

er ist unbelehrbar!

## Omikron

Absurdistaan hat ein neues Kürzel in der nächsten Welle,

Omikron rückt an diese Stelle,

der Orkan, der tobt – und wir stehen mittendrin,

schlimmer als im letzten Jahr

umzingelt uns die Gefahr,

wir meinen wohl wir schaffen das – nur leider eben nicht,

denn das Virus dieser Wicht,

zeigt uns deutlich sein Gesicht!

Es macht die Krankenhäuser voll!

... und das öffentliche Leben

... „tut" am Abgrund schweben!

## Das Ende der Pandemie

Absurdistaan verkündet das Ende der Pandemie:

Wir leben mit dem Anpassen der Skalen,

… besser wird hier nichts,

… nur die Qualen,

… zeigen hier die Zahlen,

… doch es soll wieder Alltag sein,

… ohne Pandemie,

… drum nimmt man her ganz schnell das Regelwerk zurück

… und hofft hier auf das Glück!

## Wahlkampf in Absurdistaan

Es darf gewählt werden, ...

es wird gewählt werden,

in Laschetien, im Königreich Söderland,

es gibt in Merkelanien eine neue Ära,

es gibt eine neue Regierung,

Wird es ein Groß-Laschetien, oder doch Scholzonien – oder auch Baerboxien?

Sie wirken alle farblos –

Haben sie Rückgrat?

Wir werden es sehen!


*Nachtrag im März 2022:*

*Sie haben Rückgrat – es ist viel geschehen seit den Wahlen im September 2021 nicht alles ist gut, was zurzeit passiert. Es zeigen sich Menschen von doch einer ganz anderen Seite!*

## Im neuen Schuljahr

Nichts ist geschehen, alles ist gleich – die Kinder müssen es ausbaden,

die Kinder müssen es schaffen,

in der Schule wird getestet, als gebe es kein Neujahr – und plötzlich reicht ein Schülerausweis – ein Nachweis?!

-ein Beweis?!

- eher ein Sch. …!

# Wissen

Viele meinen zu Wissen,

Meinen viele zu Wissen,

Wissen viele zu Meinen!


Wie in der Politik!

Wie in Absurdistaan und

im Nachbarland Realistaan!

## Königsmacher

Tja die Wahlen sind gelaufen – es herrscht ein neuer Fürst.

Die trumpesken Menschen können nicht verlieren und sehen

in der Niederlage ihren Sieg!

Sie meinen vorher anders zu sein!

Und dann machen Sie einem Menschen mit ihrer Meinung

und Stimme zum Fürsten!

Die Königsmacher unter uns, sie tauschen Meinung und

Überzeugung schnell!

… und jeder kann einer sein!

## 03.10.

03.10.

Geschichte?

Geschichte!

Jeder Schritt!

Jeder Mensch!

Jetzt?

Immer!

Warum?

Warum nicht?

# Willkommen in Scholzonien

Heute werden wir zu Scholzonien und beenden Merkelanien.

Eine neue Regierung will es schaffen,

alles anders – besser zu machen?!

Merkelanien ist Geschichte –

Scholzonien ist die neue Sache!

Der neue Mann heißt Olaf I.:

Nein nicht der Schneemann, sondern der Fürst von

Scholzonien!

# PHILOSOPISCHE GEDANKEN

## Persönliches

# Die Eule

Eine Eule sagte mir:

„Frei bist du nur auf eigenen Schwingen, sei unabhängig von den anderen.

Genieße die Unabhängigkeit als Freiheit – denn sie ist Quelle der Kreativität.

Genieße die Kreativität als Freiheit – denn sie ist Quelle der Unabhängigkeit.

Genieße die Freiheit als Kreativität – denn sie gestaltet die Unabhängigkeit."

Dann erhob die Eule ihre Schwingen und entschwand in den Abendhimmel!

Ich blickte ihr lange nach ...

# Nähe

Nähe, Nähe, …

Was ist das?

Sie war da!

Jetzt ist sie weg!

… Und doch ist sie da,

… und sie berührt mich,

… sie beschäftigt mich,

… sie macht mich glücklich,

… sie macht mich traurig,


Mein Kind –

Es ist in meinem Leben,

auch wenn es nicht bei mir ist!

## Kleine Geheimnisse

Was passiert, wenn man erfährt, was man eigentlich nicht

wissen will?

Man schweigt, …

Oder man spricht?

Nur wie ist das mit dem Vertrauen?

Wie geht es dann mit großen Dingen?

Oder man lässt dem Menschen sein kleines Geheimnis!

Macht man eher Stress?

Oder ist man eher großzügig?

Nur bat man ihn um Offenheit – was ist damit – schürt man

damit seine Angst einen Fehler zu gestehen – schweigt er

deshalb?

Wahrscheinlich schon - …

Denn jeder Mensch braucht nicht alles zu wissen – es ist gut

auch manches Nichtwissen zu wissen!

## Stille Nacht

Es ist die Stille Nacht!

Hier ist sie es!

Keiner ruft an,

Keiner klingelt!

Es ist die Stille Nacht, in der man an die anderen denkt!

Es ist ein schönes Geschenk!

Nur wenige wissen es zu würdigen!

# Neues Jahr

Das alte Jahr mit vielen Dingen

Kaleidoskop

Menschen, die ich mag, …

Menschen, die ich nicht mag, …

Menschen, die mir etwas bedeuten, …

Menschen, die mir nichts bedeuten, …

Alles bleibt gleich, …

Bleibt alles gleich?

Alles ändert sich, …

Ändert sich alles?


Mal sehen was das Kaleidoskop des Lebens im Neuen Jahr

so bringt …

## Der Fleck

Man sitzt da und starrt an die Wand,

man sitzt da und starrt auf den Fleck,

man sitzt da und sieht die Flecken entstehen,

man sitzt da und sieht wie die Flecken sich ändern,

man sitzt da und starrt an die Wand,

man sitzt da und starrt auf den Fleck!

Der Fleck ändert sich nicht!

Die Gedanken ändert sich nicht!

Der Fleck verblasst mit dem Licht!

Die Gedanken verblassen im Licht!

Irgendwann ist der Fleck weg!

Irgendwann sind die Gedanken weg!

Man sitzt da und starrt an die Wand,

man sitzt da und starrt auf den Fleck!

## Die Schwelle

Man sieht die technische Ausstattung,

man sieht die Medikamente,

und doch verrinnt die Zeit,

man kann nichts tun,

man wartet,

die Seele geht den Schritt über die Schwelle,

der Kampf um das Leben ist verloren,

...

# Mutterliebe

Mutterliebe, denkt man ist unendlich,

Mutterliebe, denkt man kann nichts übersteigen,

Mutterliebe, denkt man ist stabil,

Mutterliebe, denkt man ist unantastbar –

Ist sie nicht, denn …

Mutterliebe kann auch Hass sein,

auf das Kind,

auf den Vater,

so gibt man sein Kind preis und lässt es gehen,

schiebt es ab und will es nicht mehr wiedersehen,

…

Mutterliebe kann grausam sein!

# K R I E G

K R I E G: Ein neues Zeitalter in Europa – Es herrscht wieder Krieg auf

dem Kontinent!

Noch nur im Osten und in einem Staat – aber ich hoffe es ist nicht der Beginn eines neuen Weltenbrandes, der nur von einem Mann gezündet worden ist. Aus der Geschichte wurde nicht gelernt!

## Tag 1 – 24.02.2022

Frieden ist Geschichte – ein Land mitten in Europa wird usurpiert!

Kämpfe, Grausamkeit, Krieg!

Angst, Flucht, Wahnsinn!

Es ist nichts mehr gültig!

...

Was wird aus der Zukunft?!

# Angst

Wir haben Angst,

wir sanktionieren,

wir hoffen,

es ist Nerven aufreibend,

es nimmt einem den Atem,

es ist beklemmend!

Wir haben Angst,

wir fliehen,

wir sehen Wunden,

wir sehen Schmerzen,

wir sehen Qualen!

Wir haben Angst,

wir sehen Verwundete,

wir sehen Tote

Kinder – Alte – Alle!

Wir haben Angst!

Es ist Krieg!

# Krieg

Krieg

Krieg in Europa,

Kring in der Ukraine!

Krieg

Mitten unter uns!

Frieden ist ein Muss!

Krieg

Mitten in Europa

Grausam

# Der Vogel

Der Geschützdonner ist zu hören,

Qualm steht in der Luft,

die Sonne ist verdunkelt,

Ruinen säumen die Straße,

Wracks stehen herum,

Menschen hasten, rennen, fliehen!

Da sieht man einen weißen Vogel – schmutzig, grau und sehr

zerrupft in den Himmel steigen!

Man denkt dabei:

Hoffentlich stirbst du nicht – du Friedenstaube!

## Die Friedenstaube

Was ist das?

Ein zerrupfter Vogel!

Sie schimmert grau und unscheinbar!

Sie erhebt sich in den Abendhimmel!

Was hat sie da im Schnabel?

Sieht aus wie ein Zweig?

Wer ist sie?

Sie schwebt unschuldig davon!

Die Friedenstaube!

# Der Wahnsinn

Der Wahnsinn eines Krieges ist wieder in Europa, wir

verfolgen die Bilder und es wird kalt im Herzen.

Es wird kalt in der Seele, Menschen, die fliehen, wir sehen die

Zerstörung eines ganzen Landes, das Ausradieren von

Geschichte.

Wir sehen Trauer, wir sehen Schmerz.

Es wird kalt, es ist kalt!

Man fragt sich warum?

Es ist kein Sinn in diesem Krieg – wie in jedem Krieg!

Es gibt nur Verlierer und keinen Sieger, wie bei jedem Krieg!

Stoppt den Wahnsinn des Krieges!

# UNO

Gilt die Weltgemeinschaft etwas – gilt das Wortetwas?

Resolutionen, Kommuniqués, es ist einfach traurig, es ist

wieder wie in der Geschichte - vor dem ersten als auch dem

zweiten Weltkrieg. Damals der Völkerbund, diesmal die UNO.


Väter werden von Familien getrennt, Söhne ihrer Eltern

entzogen. Sie sollen kämpfen, sie werden um ihre Zukunft

betrogen!

Es gibt wieder Resolutionen und Kommuniqués, die Medien

zeigen es, …

Und wieder wiederholt sich die Geschichte!

# Der zerrupfte Vogel

Da fliegt er in den Abendhimmel.

Keiner merkt, wohin er fliegt!

Er trägt den Zweig des Friedens!

Keiner sieht ihn!

Der Qualm steigt aus der Ruine!

Leichen liegen kreuz und quer!

Die Menschen weinen!

Keiner merkt, wohin er fliegt!

Der zerrupfte Vogel!

# Sturz

Ein Sturz

Viele Stürze


Ein Krieg

Viele Verlierer


Hoffnung auf Frieden

Und der gerupfte Vogel erhebt sich in den Himmel

Und fliegt gen Osten!

# Hoffnung

Hoffnung ist wichtig

Hoffnung zeigt den Weg

Hoffnung kommt von Herzen

Hoffnung kann die Realität bestimmen

Realität bestimmt die Hoffnung!

Hoffnung

Ein schweres Wort!

# Verhandeln

Verhandeln

Aushandeln

Handeln

Hoffnung

Ergebnis

Hoffnung

Verhandeln

Aushandeln

Behandeln

Handeln

Hoffnung

Ergebnis


Frieden?!

# Kinderaugen

Kinderaugen blicken mich an

große Augen

in ihnen Schmerz

in ihnen Angst

in ihnen Leid

Kinderaugen blicken mich an

große Augen

in ihnen Liebe

in ihnen Hass

in ihnen Hilflosigkeit

Kinderaugen blicken mich an

große Augen

in ihnen Hoffnung

in ihnen Freude

in ihnen Trauer

Kinderaugen blicken mich an

große Augen

in ihnen die Vergangenheit

in ihnen die Gegenwart

in ihnen die Zukunft

Kinderaugen blicken mich an

Große Augen

In ihnen das Gestern

In ihnen das Jetzt

In Ihnen das Morgen

Kinderaugen blicken mich an

große Augen

Tränen quellen aus ihren Augen hervor und laufen über die

Wangen und hinterlassen deutliche Spuren!

Kinderaugen blicken mich an

große Augen

...

Ich wende mich ab und fange an zu weinen ...

## Ziel

Das Ziel ist schwer zu erreichen,

das Ziel ist in weiter Ferne,

das Ziel ist schmerzlich zu erreichen,

das Ziel ist Frieden,

ist es möglich das Ziel zu finden, …

## Erzittern

Der eine erzählt eine Geschichte, der andere versucht zu

verhandeln.

Und leider gibt es keinen Dialog.

Und der gerupfte Vogel schüttelt sich –

die Welt erzittert und erstarrt!

Die Furcht ergreift die Menschen, ...

# Eskalation

Eskalation – Ex Salation – Exitus – Ex Itus!

Es entscheidet ein Mann über unser Leben!

Unvorstellbar 1 zu mindestens 1 Milliarde!

Grausam

Eskalation

Exitus!

# Der gerupfte Vogel

Der gerupfte fliegt hoch und bäumt sich auf!

Er wendet nach Osten und nach Westen, …

keine Richtung behagt ihm …

er wendet sich nach Süden und versucht fliegen, …

wendet sich nach Norden und versucht zu fliegen, …

merkt, aber es geht nicht!

Er muss bleiben!

…

# Die Sirene

Plötzlich heulen die Sirenen –

Die Nackenhaare stellen sich auf,

das Herz beginnt zu schlagen,

jetzt?

Warum?

Das Inferno hat uns erreicht –

Ein Kaleidoskop an Bildern durchzuckt den Kopf.

Äußerlich ruhig und gefasst –

Innerlich bis aufs Mark erschreckt –

Das Heulen der Sirene!

Jetzt!

Plötzlich!

## In der Grube

Ich liege hier in einer Grube, über mir der blaue Himmel, in der Ferne grollen die Geschütze, ich blicke durch den Feldstecher, sieht die Einschläge der Granaten oder Raketen. Man hat Angst der nächste zu sein, ich will überleben!

Ich kämpfe mit dem Schlaf, aber ich muss wachsam sein, ...

Plötzlich springt ein Mensch in die Grube – verdreckt und verschwitzt, eine andere Sprache.

Erschreckte Augen blicken den Mann an, erschreckte Augen blicken mich an.

Atemlos liegen wir nebeneinander. Eigentlich sollten wir uns töten, die Furcht ergreift uns. Er ist ein junger Mann, ich ein gesetzter fünfziger, mit großen Kindern zu Hause und mit einigen Erfahrungen des Lebens beschlagen – er noch am Anfang seiner Zukunft.

Wir lassen unsere Waffen sinken, ich fische in der Tasche nach Schokolade oder Zigaretten, er ergreift die Schokolade, bricht sie in zwei Teile – schweigend sitzen wir nebeneinander und essen die Schokolade. Er fasst sich in seine Brusttasche und zieht ein Telefon hervor, das Display gesprungen. Er schaltet es ein und zeigt mir ein Foto von seiner Frau und seinem kleinen Kind – ein Baby im Taufkleid. E steht eine Jahreszahl da – es ist vom letzten Jahr, Ich hole mein Telefon hervor – und zeige ihm meine Familie, meine Frau und meine Söhne – er könnte mein Sohn sein – denke ich. Wir sitzen dar und merken, wie unwichtig das Töten ist und teilen uns den nächsten Riegel Schokolade. Da fischt er aus einer

Jackentasche einen Zettel und ich suche meinen Bleistift in meinem Notizbuch.

Wir umarmen uns schweigend, nachdem wir unsere Adressen ausgetauscht haben. Er rückt seinem Helm zurecht, ergreift seine Waffe und robbt aus der Grube. Dreht sich um und wir lächeln uns an. Er robbt weiter – ich blicke ihm vorsichtig nach und hoffe auf unsere Zukunft.

In der Ferne höre ich wieder Gefechtslärm, der blaue Himmel blickt auf uns herab.

Die Ablösung kommt in die Grube. Ich melde: Nichts vorgefallen!" und robbe hinter die Frontlinie.


*In Erinnerung an eine Kurzgeschichte, die ich einmal im Deutschunterricht vor ca. 38 Jahren interpretieren durfte – damals dachte ich, das werden wir nie erleben, …*

# Dank

Auch hier sind wieder Menschen gewesen, die mich inspiriert haben.

Aber vielmehr waren es wissenschaftliche Erkenntnisse und Bilder, die mich beeindruckt haben. Dazu auch persönliche Erlebnisse, die hier Einfluss genommen haben.

Viele Unterhaltungen und Gedankenaustausche führen zu diesen Gedichten oder Kurztexten.

Ich danke allen die bewusst oder unbewusst zu diesen Gedichten beigetragen haben.

www.harlekinpierrot.com

Inhaltsverzeichnis